A French practice workbook

Table des matières Contents

2-3	**Je me présente**	This is me
4-5	**Bonjour !**	Hello!
6-7	**Ma famille**	My family
8-9	**Ma nourriture préférée**	My favourite foods
10-11	**Les contraires**	Opposites
12-13	**Je voudrais...**	I would like...
14-15	**En route**	Getting around
16-17	**Quelle heure est-il ?**	What time is it?
18-19	**Les amis autour du monde !**	Friends from around the world!
20-21	**Le corps**	The body
22-23	**Quel temps fait-il ?**	What's the weather like?
24	**Les réponses**	Answers

by Sam Hutchinson
& Emilie Martin

illustrated by
Kim Hankinson

French adviser:
Marie-Thérèse Bougard

Je me présente...

This is me...

Start with the most important person: **you!** Choose the correct French words to fill in the gaps in these sentences to tell people your name and age.

challenge 1.

What is your name?

Tu ...... - .... comment ?

2 points

My name is

Je m' ....

1 points

challenge **2.**

Learn to count up to 10

Se présenter
Introducing yourself

.... one   .... two   .... three   1 point each

.... four   .... five   .... six   .... seven   .... eight   .... nine   .... ten

challenge **3.**

How old are you?

Tu as .... ?   2 points

I am .... years old.

J'ai ....   2 points

Section Total

—
4

Total Marks: —
17

How am I doing?

 Bien    Pas mal    Pas super

3

Bonjour !

Hello!

These words and phrases will help you to greet people in French. Fill in the blanks with the French words.

challenge 1.

Section Total ―/9

In the morning. 1 point

Le ....

Hello! 1 point

.... !

Hi! 1 point

.... !

How are you? 2 points

....
.... ?

Yes, I'm well. And you? 2 points

Oui, ça va bien. .... ?

I'm well! 2 points

Oui, ... !

challenge 2.

Se présenter
Introducing yourself

In the evening. 1 point
Le ....

Good evening! 1 point
.... !

Hi! 1 point
.... !

Goodnight! 2 points
.... !

Goodbye! 1 point
.... !

Section Total
—
6

Total Marks: —/15

How am I doing?

 Bien  Pas mal  Pas super

Ma famille
My family

When you meet someone new, you might want to introduce them to your family. Use these sentences to help you. You'll have to fill in the gaps with the right words first!

challenge 1.

Section Total ─ / 2

This is my dad. His name is Ben. He is wearing a T-shirt.   **2 points**

Voici mon .... Il s'appelle Ben.
.... un tee-shirt.

Ma nourriture préférée
My favourite foods

It's great to try new food but there are some foods we like more than others. Add the words that complete these sentences so you can explain what you like and dislike.

challenge 1.

Section Total — / 4

2 points

I like bananas!

J' .... les bananes !

2 points

I don't like grapes!

Je n' ....
....
le raisin !

| Total Marks: — / 12 | How am I doing? |  Bien |  Pas mal |  Pas super |

challenge 2.

Allons faire un tour
Out and about

Do you like ice cream? 2 points

.... la glace ?

Section Total — / 4

2 points

Yes! I quite like pistachio ice cream.

Oui! J'aime bien la

....

....

challenge 3.

Do you like pizza? 2 points

.... la pizza ?

Section Total — / 4

2 points

No, I prefer pasta.

Non, je .... les pâtes.

Les contraires

Opposites

In this woodland, the animals are helping to show you some words and their **opposites**. Can you use the correct words to complete the sentences?

challenge 1.

Section Total —/8

The deer is big. **2 points**

Le cerf est ....

The mouse is under the leaf. **2 points**

La souris est .... la feuille.

The ladybird is on top of the stone. **2 points**

La coccinelle est .... la pierre.

The hedgehog is low down. **2 points**

Le hérisson est ....

challenge 2.

Allons faire un tour
Out and about

The owl is high up. — 2 points

Le hibou est ………. …………… .

The squirrel is on the outside. — 2 points

L'écureuil est … ….'………… .

The caterpillar is small. — 2 points

La chenille est …………………… .

The bird is on the inside. — 2 points

L'oiseau est …… …'………… .

Section Total — /8

challenge 3.

Complete these handy phrases to compare things. The missing words have been underlined to help you. — 1 point each

Section Total — /3

The bird is on the inside <u>but</u> the squirrel is on the outside.

L'oiseau est à l'intérieur ……………… l'écureuil est à l'extérieur.

The caterpillar is <u>smaller</u> than the deer.

La chenille est ………… ………… que le cerf.

The owl is <u>very high up</u>.

Le hibou est ………… …………

………………… .

Total Marks: — /19

How am I doing?

Bien Pas mal Pas super

Je voudrais...
I would like...

Picnics are great fun! Fill in the missing words so you can ask for what you want and share food with your friends.

challenge 1.
Section Total ⎯/6

I would like some crisps, please. *(2 points)*

.... des chips, s'il te plaît.

Here you go! *(2 points)*

.... !

challenge 2.
Section Total ⎯/6

Yes! I'd like one. *(2 points)*

Oui! .... ' ....
....
....

Thank you! *(2 points)*

.... !

challenge 3.
Allons faire un tour
Out and about

Do you want a sandwich? — 2 points

....
....
un sandwich ?

Shall we share a cake? — 2 points

On .... un gâteau ?

Complete these handy phrases to share things. The missing words have been underlined to help you.

Section Total — /4

I have **enough**. — 1 point

Ça me ....

It's **too much**! — 1 point

C'est .... !

It's **a lot**. — 1 point

C'est ....

Do you want **more** bread? — 1 point

Tu veux .... de pain ?

Total Marks: — /16

How am I doing?

 Bien    Pas mal    Pas super

En route
Getting around

It's important to know how to ask for directions, especially when you're somewhere new. Complete these sentences so you can find your way around.

challenge 1.

Section Total — /8

2 points
How do you go to school?
.... à l'école .... ?

2 points
I go to school on the bus.
Je vais à l'école ....

2 points
I walk to school.
.... , ... à pied.

2 points
I go to school by bike.
Je vais à l'école ....

Ma journée
My day

challenge 2.

How do I get to the library, please?

.... la bibliothèque s'il vous plaît ?

Excuse me.   *2 points*

....

Turn right. It's opposite   *2 points*

Tournez à droite. C'est ....

Section Total — 6

challenge 3.   Section Total — 4

Is the park far?   *2 points*

Le parc .... ?

No, it's very near.   *2 points*

Non, c'est ....

Total Marks: — 18

How am I doing?

 Bien    Pas mal    Pas super

Quelle heure est-il?

What time is it?

At what time do you get up? Have lunch? Go to bed? Fill in the gaps in these sentences so you can talk about your day.

challenge 1.

4 points

I get up at seven o'clock. I eat breakfast.

Je me lève à

....

....

Je prends le

....

....

challenge 2.

I eat lunch at school at midday.

2 points

À ....,

je .... à l'école.

| Total Marks: — / 22 | How am I doing? |  Bien |  Pas mal |  Pas super |

Ma journée
My day

challenge 3. — 6 points

I go home at quarter past three. I eat a snack.

Je rentre chez moi à ....

....

Je mange un

....

challenge 4. — 5 points

I eat dinner with my family at half past six.

Je dîne avec ma famille à

....

....

....

challenge 5. — 5 points

I go to bed at quarter to eight. Sleep well!

Je me couche à ....

....

....

Dors bien !

Les amis autour du monde !

Friends from around the world!

It's great to meet people from different parts of the world. Which words are missing from these sentences about where people come from?

challenge 1.

Section Total — /11

I come from England. It's in Europe. (2 points)

Je viens d'........................ .
C'est en Europe.

He comes from Mali. It's in Africa. (4 points)

Il vient du Mali. .....'................
....

Where are you from? (2 points)

.... d'où ?

She comes from Chile. It's in South America. (3 points)

.... Chili.
C'est en Amérique du Sud.

challenge 2.

Section Total —/5

Amusons-nous entre amis
Fun with friends

Do you speak English? (1 point)

Vous parlez .... ?

No, I speak French. (2 points)

Non, ... français.

Yes, I speak English and I speak Hindi as well. (2 points)

Oui, je .... anglais et je parle .... hindi.

Total Marks: —/16

How am I doing?

 Bien  Pas mal  Pas super

Le corps
The body

The words and phrases on these pages are all about our bodies. Find the right words to fill in the gaps so you can describe your appearance and play Simon Says!

challenge 1.

Section Total —/5

2 points

I have long, black hair and brown eyes. And you?

J'ai les ……………………… noirs et longs et les ……………………… marron. Et toi ?

3 points

I have curly, red hair and blue eyes.

J'ai les cheveux ……………………… et ……………………… et les yeux ……………………… .

20

challenge **2.**   Section Total $\frac{}{7}$

Amusons-nous entre amis
Fun with friends

Where does it hurt? — 3 points

.... où ?

My knee hurts. — 2 points

J' .... mal au ....

My tummy hurts. — 2 points

......' .... au ventre.

challenge **3.**   Section Total $\frac{}{4}$

Simon says touch your nose. — 2 points

Jacques a dit :

.................-.........
le ....

Simon says touch your head. — 2 points

Jacques a dit :

.................-.........
la ....

Total Marks: $\frac{}{16}$ How am I doing?

 Bien    Pas mal    Pas super

Quel temps fait-il ?

What's the weather like?

Do you like sunny days, splashing in puddles or throwing snowballs? Some of the words are missing from these sentences about the weather. Can you fill them in?

challenge 1.

In the spring... *2 points*

Au ....

Section Total $\overline{4}$

It's raining and it's cloudy. *2 points*

....
et il y a des ....

challenge 2.

Section Total $\overline{4}$

In the summer... *2 points*

En ....

It's a sunny day. It's hot! *2 points*

Il y a du ....
Il ....
.... !

22

challenge 3.

In the autumn... 2 points

En ....

Amusons-nous entre amis
Fun with friends

Section Total —/4

2 points

It's windy. I'm wearing my coat and he's wearing his scarf.

Il y a du ....
Je porte mon .... et il porte son ....

challenge 4.

In the winter... 2 points

En ....

2 points

It's snowing and it's cold.

Il ....
et il ....
....

Section Total —/4

Total Marks: —/16

How am I doing?

 Bien
 Pas mal
 Pas super

23

Les réponses — Answers

2-3 Je me présente

Tu t'appelles comment ?
Je m'appelle (your name)
un
deux
trois
quatre
cinq
six
sept
huit
neuf
dix
Tu as quel âge ?
J'ai (your age) ans.

4-5 Bonjour !

Le matin
Bonjour !
Salut !
Ça va ?
Oui, ça va bien. Et toi ?
Oui, ça va !
Le soir
Bonsoir !
Salut !
Bonne nuit !
Au revoir !

6-7 Ma famille

Voici mon père. Il s'appelle Ben. Il porte un tee-shirt.
Voici ma mère. Elle s'appelle Mary. Elle porte une chemise.
je
tu
il/elle
vous
nous
ils/elles

8-9 Ma nourriture préférée

J'aime les bananes !
Je n'aime pas le raisin !
Tu aimes la glace ?
Oui ! J'aime bien la glace à la pistache.
Tu aimes la pizza ?
Non, je préfère les pâtes.

10-11 Les contraires

Le cerf est grand.
La souris est sous la feuille.
Le hérisson est en bas.
La coccinelle est sur la pierre.
Le hibou est en haut.
L'écureuil est à l'extérieur.
L'oiseau est à l'intérieur.
La chenille est petite.
L'oiseau est à l'intérieur, mais l'écureuil est à l'extérieur.
La chenille est plus petite que le cerf.
L'hibou est tout en haut.

12-13 Je voudrais...

Je voudrais des chips, s'il te plaît.
Voilà !
Merci.
Tu veux un sandwich ?
Oui, j'en veux bien un.
On partage un gâteau ?
Ça me suffit.
C'est trop.
C'est beaucoup.
Tu veux plus de pain ?

14-15 En route

Tu vas à l'école comment ?
Je vais à l'école en bus.
Je vais à l'école à pied.
Je vais à l'école à vélo.
Pardon.
Pour aller à la bibliothèque ?
Tourne à droite. C'est en face.
Le parc est loin ?
Non, c'est tout près.

16-17 Quelle heure est-il ?

Je me lève à sept heures. Je prends mon petit déjeuner.
A midi, je déjeune à l'école.
Je rentre chez moi à trois heures et quart. Je mange un goûter.
Je dîne avec ma famille à six heures et demie.
Je me couche à huit heures moins le quart.

18-19 Les amis autour du monde !

Je viens d'Angleterre. C'est en Europe.
Il vient du Mali. C'est en Afrique.
Vous venez d'où ?
Elle vient du Chili. C'est en Amérique du Sud.
Vous parlez anglais ?
Non, je parle français.
Oui, je parle anglais et je parle aussi hindi.

20-21 Le corps

J'ai les cheveux longs et noirs et les yeux marron. Et toi ?
J'ai les cheveux roux et frisés et les yeux bleus.
Tu as mal où ?
J'ai mal au genou.
J'ai mal au ventre.
Jacques a dit : « Touche-toi le nez. »
Jacques a dit : « Touche-toi la tête. »

22-23 Quel temps fait-il ?

Au printemps...
Il pleut et il y a des nuages.
En été...
Il y a du soleil. Il fait chaud !
En automne...
Il y a du vent. Je porte mon manteau et il porte son écharpe.
En hiver...
Il neige et il fait froid.

Published by b small publishing ltd.

www.bsmall.co.uk

Text & Illustrations copyright © b small publishing ltd. 2018
1 2 3 4 5
ISBN 978-1-911509-80-6

Design: Kim Hankinson
Editorial: Emilie Martin & Rachel Thorpe
Production: Madeleine Ehm
Publisher: Sam Hutchinson
French adviser: Marie-Thérèse Bougard
Printed in China by WKT Co. Ltd.

All rights reserved.

British Library Cataloguing-in-Publication Data. A catalogue record for this book is available from the British Library.